TÖCHTER DER LEERE
Gedichte chinesischer buddhistischer Nonnen

TÖCHTER DER LEERE
Gedichte chinesischer buddhistischer Nonnen

Übersetzt von Gruppe B^{ie}

2023

Beata Grant, Daughter of Emptiness. Poems of Chinese Buddhist Nuns, Wisdom Publications, 2013.

© Johanna Domokos, 2023
Übersetzt von Gruppe B^ie
Michelle Bergmann, Lilly Wiebke Bücker, Laura Hansen, Livia Krawatzki, Tatjana Krzemien, Corinna Kutschaba, Anna Sophie Lindner, Umay-Lelania Mellage, Shima Moazzen, Thane Ortmann, Celine Sprenger, Laurin-David Weggen
www.uni-bielefeld.de/einrichtungen/fsz/projects/gruppe-bie/

Lektoriert von Laura Hansen

Herstellung und Verlag: BoD – Books on Demand, Norderstedt
Printed in Germany

ISBN: 9783738649673

INHALTSVERZEICHNIS

VORWORT

GEDICHTE

    SECHS DYNASTIEN (220–581)
    Huixu (Michelle Bergmann)

    SUI- UND TANG-DYNASTIEN (581–907)
    Fayuan (Lilly Wiebke Bücker)
    Pflaumenblüten-Nonne (Laura Hansen)

    SONG-DYNASTIE (960–1279)
    Miazong (Livia Krawatzki)
    Benming (Livia Krawatzki)
    Zhenru (Michelle Bergmann)
    Zuqin (Lilly Wiebke Bücker)

    YUAN-DYNASTIE (1260–1368)
    Miaozhan (Anna Sophie Linder)

    FRÜHE UND MITTLERE MING-DYNASTIE (1368–1600)
    Wulian (Tatjana Krzemien)
    Einäugige Jingang (Corinna Kutschaba)
    Jixing (Anna Sophie Lindner)

SPÄTE MING- UND FRÜHE QING-DYNASTIE
(1600–1750)
Daoyuan (Umay-Lelania Mellage)
Zaisheng (Shima Moazzen)
Chayoi (Corinna Kutschaba)
Jingming (Anna Sophie Lindner)
Jifu (Umay-Lelania Mellage)
Yinyue (Shima Moazzen)

ZWEITE HÄLFTE DER QING-DYNASTIE (1750–1911)
Ziyong (Thane Ortmann)
Daoqian (Celine Sprenger)
Dawu (Laurin-David Weggen)
Longlian (Laurin-David Weggen)

NACHWORT
  Beata Grant: Schreibende buddistische Nonnen in China

BIOGRAFIEN

ENDNOTE

VORWORT

Dieses Übersetzungsprojekt wurde im Wintersemester 2022-2023 von Studierenden der Universität Bielefeld durchgeführt. Im Rahmen des Übersetzungs- und Buchproduktionslabors Gruppe B^{IE} versammelten sich Studierende mit verschiedener Expertise und Erfahrung und beschäftigten sich mit der Lyrik chinesischer Chan- (Zen-) Nonnen, mit deren Leben und Geschichte. Unter der Leitung von Dr. habil. Johanna Domokos wurden einige Autorinnen aus Beata Grants Werk *Daughters of Emptiness. Poems of Chinese Buddhist Nuns* (2013) aus dem Englischen ins Deutsche übersetzt. Zusätzlich zu den Biografien, kurzen Kommentaren und verschiedenen inspirierenden Gedichten besitzt diese Ausgabe auch ein Nachwort basierend auf Beata Grants einleitendem Essay. Ihr Text bietet einen tieferen Einblick in die verschiedenen chinesischen Dynastien und Zeiten, in denen die chinesischen Nonnen ihre Gedichte geschrieben haben. An dieser Stelle möchte Gruppe B^{IE} die Gelegenheit nutzen sich bei Beata Grant und Wisdom Publications herzlich für die Erlaubnis zu bedanken aus ihrer Anthologie zu übersetzen.

Wir wünschen unseren Leserinnen und Lesern ein Leseerlebnis voller neuer Überlegungen und Eindrücke.

Gruppe B^{ie}

SECHS DYNASTIEN (220–581)

HUIXU.

Huixu (431-99), die mit Nachnamen Zhou hieß, wurde in der Jiangsu Provinz im Südosten von China geboren. Schon in jungen Jahren war sie interessiert an der buddhistischen Lebensweise: sie soll schon im Alter von 7 Jahren mit der vegetarischen Ernährung begonnen und mit 18 Jahren die Tonsur getragen haben. Bald erlangte sie einen Ruf für ihre strikte Einhaltung der monastischen Regeln und für ihre geradlinige und direkte Art.

Während des ersten Teils ihrer religiösen Laufbahn verbrachte sie einige Zeit mit einer angesehenen kontemplativen Nonne aus dem Nordwesten Chinas. „Ohne den Altersunterschied zwischen ihnen zu berücksichtigen, folgten sie dem Buddhadharma" und nahmen zusammen an mindestens einer intensiven dreimonatigen Besinnungszeit teil.

Es waren unruhige Zeiten, und Huixu war oft gezwungen von einem Ort zum anderen zu wechseln. Mit der Zeit erregte Huixu jedoch die Aufmerksamkeit eines Mitglieds der kaiserlichen Familie, dem Prinzen von Yuzhang, der zufällig in der Gegend stationiert war. Da er ihre religiöse Bildung schätzte, lud er sie ein bei ihm zu leben, wo seine Ehefrau und die restlichen Familienmitglieder um Unterweisung bei ihr baten und ihre treuen Anhänger*innen wurden. Während dieser Zeit traf Huixu einen Meister der Meditation, namens Xuanchang, der ihr fortgeschrittene Meditationsmethoden beibrachte, in denen sie äußerst geübt wurde.

Als der Prinz und seine Familie in die südöstliche Qi-Hauptstadt Jiankang zurückkehrten, ging Huixu mit ihnen und ließ sich in dem Kloster nieder, das der Prinz auf einem der königlichen Anwesen am Stadtrand für sie hatte bauen lassen. Später ließ der Kaiser selbst ein Kloster für sie und ihre Nonnengemeinde errichten. Danach besuchte sie die königlichen Anwesen trotz wiederholter Einladung viele Jahre nicht. Schließlich stimmte sie zu, an einem besonderen religiösen Fest teilzunehmen, das ihr zu Ehren veranstaltet wurde, bei dem sie das unten übersetzte Gedicht schrieb. Bei ihrer Abreise sagte sie ihren Anhängerinnen, dass sie ihr Kloster nie wieder verlassen würde. Etwa einen Monat später wurde sie krank und verstarb.

Weltliche Menschen, die mich nicht verstehen
Nennen mich bei meinem weltlichen Namen Alte Zhou.
Ihr ladet mich zu einem siebentägigen religiösen Fest ein,
Aber das Fest der Meditation kennt kein Ende.

Übersetzt von Michelle Bergmann

SUI- UND TANG-DYNASTIEN (581–907)

FAYUAN.

Fayuan (601-63) stammte in sechster Generation von Kaiser Wudi von Liang (502-50) ab, einem Herrscher bekannt für seine Unterstützung des Buddhismus: Legenden besagen, dass er der Kaiser war, der von Bodhidharma besucht wurde, dem ersten Patriarchen des Chan-Buddhismus in China. Fayuan war die dritte Tochter eines Mitglieds der kaiserlichen Familie der Tang-Dynastie und wuchs deshalb in einem luxuriösen und privilegierten Umfeld auf.

Es wird gesagt, sie sei ein außergewöhnlich intelligentes und liebevolles Kind mit großem Talent sowohl fürs Lernen als auch für die Malerei und Kalligrafie gewesen. Von klein auf fühlte sie sich zum Buddhismus hingezogen und als sie zu einer jungen Frau heranwuchs, weigerte sie sich Brotkatstoffe, Schmuck oder Kosmetika zu tragen. Schon als Kind verzichtete sie auf Fleisch.

Als es für sie Zeit wurde zu heiraten, suchte sie ihre Eltern auf und bat sie darum ein Ordensleben führen zu dürfen. Ihre Eltern widersprachen nicht und Fayuan trat in das Jidu-Kloster in Chang'an, der Tang-Hauptstadt, ein. Fayuan hat wohl ein zurückgezogenes Leben geführt, in dem sie sich der Meditation und dem Studium buddhistischer Schriften widmete.

Selten kehrte sie in die höfischen Kreise zurück, in denen sie aufgewachsen war. Mit der Zeit zog sie viele Anhänger*innen an und wurde bekannt für ihre geschickte Unterrichtsweise und ihre außergewöhnliche Disziplin.

Im Herbst 663 wurde Fayuan schwer krank. Im Wissen, dass sie sterben würde, wies sie ihre Anhängerin an ihren Körper in der Wildnis zu entsorgen, um dort hungrigen Vögeln als Nahrung zu dienen und ihn nicht in Edelmetallen oder -hölzern einzuschließen. Ihre Familie überging jedoch ihren letzten Wunsch und setzte sie in den Kaisergräbern bei.

Dieser Körper ohne ein Selbst
Vergleichbar mit treibenden Wasserlinsen.
Dieser Körper mit seinen Problemen
Genau wie ein Blatt im Wind.
Dieser Kreislauf von Leben und Tod
Genau wie der von Nacht und Tag.

Übersetzt von Lilly Bücker

PFLAUMENBLÜTEN-NONNE.
Über diese Nonne ist nichts bekannt; womöglich ist sie eine Erfindung. Allerdings ist das Gedicht, das sie geschrieben haben soll, sehr bekannt und in vielen Anthologien enthalten.

Den ganzen Tag habe ich Frühling gesucht, aber Frühling konnte ich nicht finden,
In meinen Strohsandalen bin ich durch die Berggipfelwolken gestreift.
Wieder zuhause betaste ich lächelnd ein Zweiglein duftender Pflaumenblüte;
Frühling war genau hier in den Zweigen, in all seiner Pracht!

Übersetzt von Laura Hansen

SONG-DYNASTIE (960–1279)

MIAOZONG.

Miaozong (1095-1170) war eine Enkelin des Ministerpräsidenten Su Song (1020-46) und die Witwe eines hochrangigen Beamten-Gelehrten. Miaozong stammte aus einer großbürgerlichen Literaten-Familie, was ihr den Zugang zu umfassender Bildung ermöglichte. Sie schien nicht nur enormes Wissen über buddhistische Literatur zu haben, sondern auch über konfuzianische und daoistische Texte. Ihr Interesse an Buddhismus äußerte sich schon früh, indem die fünfzehnjährige Miaozong die Frage stellte: „Woher kommt dieser Körper in diesem Leben? Und wenn man stirbt, wohin wird er gehen?". Sie wurde die Schülerin und später Dharma-Erbin, des Linji-Chan-Meisters Dahui Zonggao. Miaozong war außerdem bekannt für ihre Lyrik und weiteren Texte. Viele ihrer Gedichte antworten auf traditionelle Chan-Geschichten oder Koans, eine literarische Tradition, die von Chan-Meister Xuedou Chongxian (998–1052) verbreitet wurde. Dieser stellte hundert Koans zusammen und fügte Kommentare in Versform hinzu (welche eher weitere Fragen fördern sollten, statt Antworten zu bieten). Später nahmen Schüler*innen eines anderen Chan-Mönchs, Yuanwu Keqin (1063– 1135), – Dahui Zonggaos Dharma-Meister – Xuedou Chongxians Koans und Verse, und fügten die Kommentare ihres Lehrers hinzu. Auf diese Weise entstand das berühmte Buch, das heute unter dem englischen Namen *The Blue Cliff Record* bekannt ist (Deutscher Name: *Bi-YÄN-LU: Meister YÜAN-Wus Niederschrift von der Smaragdenen Felswand*, übersetzt von Wilhelm Gundert). Dreiundvierzig von Miaozongs poetischen Erläuterungen sind bis heute erhalten.

Ein Blätterboot treibt durch das unendlich weite Wasser,
Tanzend zu einer anderen Melodie wird das Ruderblatt angehoben.
Wolken über dem Berg, der Mond über dem Meer: alles fortgetrieben;
Das erledigt wird Zhuang Zhous Schmetterlingstraum ewig dauern.

Übersetzt von Livia Karwatzki

Plötzlich war ich in Kontakt mit der Nasenspitze,
Und meine Klugheit schmilzt wie Eis und splittert wie Kacheln.
Warum ist Bodidharma aus dem Westen gekommen?
Was für eine Verschwendung des Zweiten Patriarchen Respekt zu zollen!
Mehr über dies und jenes zu fragen
Würde eine Niederlage durch das Regiment der Strohbanditen zeigen.

Übersetzt von Livia Karwatzki

BENMING.
Wir wissen nicht viel mehr über die Nonne Benming (auch als Migshi bekannt) als, dass sie eine Dharma-Nachfolgerin des Chan-Meister Yuanwu Keqin (1063-1135) war. Kurz vor ihrem Tod schrieb sie 1141 bei einem Besuch bei ihrer Familie eine Reihe von Versen, die sie Chan-Meister Caotang Shanqing (1057-1142) widmete. Er war so begeistert von ihrer Poesie, dass er sie nach ihrem Tod mit einem lobenden Kolophon veröffentlichte. Der große Chan-Meister der Song-Dynastie, Dahui Zonggao, fand die Poesie von Benming ebenfalls vorbildlich und zitiere ihre Verse in Predigten an seine Schüler*innen.

Weißt du denn nicht, dass Kummer
nichts anderes als Weisheit,
Doch am Kummer festzuhalten
nichts anderes als Dummheit ist?
Während er steigt und wieder schmilzt,
musst du dich daran erinnern:
Der Sperber fliegt durch Silla, ohne bemerkt zu werden!

Übersetzt von Livia Karwatzki

Weißt du denn nicht, dass Kummer nichts anderes als Weisheit ist,
Und die schönsten der Blüten im Moor auftauchen?
Würde mich jemand fragen, was ich tue:
Nachdem ich meinen Reis und Brei aufgegessen habe, wasche ich meine Schüssel.
Mach dir keine Sorgen!
Mach dir keine Sorgen!
Du kannst den ganzen Tag wie ein ahnungsloses Kind im Sand spielen,
Aber du musst immer die Wahrheit deines wahren Gesichtes erkennen!
Wenn der Stab des Patriarchen dich schlägt,
Wenn du nichts sagen kannst, wirst du vom Stab vernichtet,
Wenn du etwas sagen kannst, wirst du vom Stab vernichtet.
Was wirst du schließlich tun,
Wenn du in der Nacht nicht reisen darfst, aber bei Sonnenaufgang ankommen musst?

Übersetzt von Livia Karwatzki

ZHENRU.

Zhenru war die Tochter einer Wang-Familie aus Nordwestchina (Shenxi- und Gansu-Region). Als junges Mädchen wurde sie wegen ihrer beträchtlichen Talente und Fähigkeiten in den inneren Palast eingeführt, wo sie Dienerin einer kaiserlichen Konkubine namens Qiao wurde. Die Konkubine Qiao war selbst Anhängerin des Buddhismus und leistete daher keinen Widerstand als Zhenru den Wunsch äußerte den Palast zu verlassen und ein religiöses Leben zu führen. Daraufhin reiste Zhenru bis in die Provinz Fujian im Süden, wo Chan-Meister Dahui Zonggao damals im Exil lebte. Dahui achtete sie sehr und zitierte ihre Gedichte in seinen Schriften.

Ich finde mich plötzlich kopfüber
wieder auf ebenem Boden;
Wenn ich mich erhebe, stelle ich fest,
dass es nichts zu sagen gibt!
Sollte mich jemand fragen, was das soll,
Lächelnd würde ich zeigen auf
die reine Brise und den hellen Mond.

Übersetzt von Michelle Bergmann

Heute ist sie die buddhistische Nonne Ru,
Gestern war sie Lehrerin Wang.
Obwohl geboren um Seidengaze zu tragen,
trägt sie jetzt nur gröbsten Hanf.
Münder, die sich öffnen und hochmütige
Worte ausspucken
haben überhaupt kein Interesse daran,
Buddhas zu werden.
Aus dem Kessel von richtig und falsch springen,
den Weg von Leben und Tod vollständig abschneiden,
dann die Tigerhöhle und den Dämonenpalast betreten
mit einem Herzen,
das nicht die geringste Angst empfindet.
Der erfundene Unsinn des Acht-Yang-Sutra
fügt sich mühelos zu dreitausend Kapiteln zusammen![i]
Ich singe gerne
Gedichte ohne Reime,
und ich habe keine Lust auf Silbenzählen![ii]
Diese wandernde Nonne hat die Welt bereist,
hat Chan untersucht,
aber wurde noch nicht erleuchtet.
Bis ich vor kurzem meinen Weg zum Wolkentor fand,[iii]
wo ich sofort eine totale Niederlage erlebte.
Ich hatte die Form eines Mörserstößels verwechselt,
mit einem Wachskürbis!
Nachdem ich all dies durchgemacht habe,
nur um eine Nonne zu werden,
Bitte ich Euch,

nicht neidisch auf mich zu sein!
Gibt es noch etwas, was ich falsch verstanden habe?
Wenn ja, dann sagt mir, was das sein soll!
Wenn der Elefant von Jiazhou dampfende Kleie isst,
dann leidet der eiserne Ochse von Shanfu unter einem
aufgeblähten Bauch:[iv]
Das ist leicht zu sehen!

Übersetzt von Michelle Bergmann

ZUQIN.
Zuqin war eine Anhängerin der Chan-Meisterin Huo'an Shiti (1108–79). Offenbar waren ihre Intelligenz, ihr Scharfsinn und literarisches Talent so ausgeprägt, dass die männlichen Beamten-Gelehrten aus der Umgebung ihre Gesellschaft suchten, zweifellos mehr an intellektueller Abwechslung als an spiritueller Erleuchtung interessiert. Sie war nicht bereit, sich mit ihnen zu verbrüdern und hielt offensichtlich nicht viel von deren weltlichen Beschäftigungen. Das folgende Gedicht verwendet die Analogie des Beamtenlebens, um auf das des verblendeten und unerleuchteten Geistes zu verweisen.

Den ganzen Tag lang spielst du den Offiziellen, ohne zu ahnen, was das bedeutet,
Das ganze Jahr über wirst du getäuscht und betrogen von deinen kleinen Helfern.
Wenn du deine Helfer verjagen würdest mit einem Schrei, der Offizielle würde erscheinen,
Doch stattdessen kippst du den großen Wagen im Norden um und schaust Richtung Süden! [v]

Übersetzt von Lilly Bücke

YUAN-DYNASTIE (1260–1368)

MIAOZHAN.

Über diese Nonne ist wenig bekannt, außer der Tatsache, dass das Changming-Kloster, wo sie lebte, von einer der berühmtesten Malerinnen des vormodernen China, Guan Daosheng (1260-1308) bemalt wurde. Es heißt, Miaozhan, die für ihre Kalligrafie bekannt war, soll folgendes Gedicht, oder ein ähnliches, auf Guans Gemälde geschrieben haben.

Im Schatten zweier Bäume
und dem hängenden Grün der Klippen,
Brach eine Lampe für eintausend Jahre
die dunklen Barrieren auf.[vi]
Auch ich erkenne jetzt,
Erscheinungen sind nichts anderes als eine Illusion,
Und altere glücklich zwischen dem Nebel,
den Flüssen und den Steinen.

Übersetzt von Anna Sophie Lindner

FRÜHE UND MITTLERE MING-DYNASTIE (1368–1600)

WULIAN.
Wulian wurde im Jahr 1395 in der Provinz Shandong geboren. Man sagt, sie sei als junges Mädchen sehr weit entwickelt gewesen: Mit fünf Jahren lernte sie lesen und mit sieben Jahren konnte sie bereits buddhistische Sutren rezitieren und hatte unter anderem das *Lotus-Sutra* auswendig gelernt. Im Alter von dreizehn Jahren wurde sie in den inneren Palast aufgenommen, wo sie oft aufgefordert wurde, Gedichte für den Kaiser und andere Mitglieder der Kaiserfamilie zu schreiben und zu rezitieren. Zudem nutzte sie jede Gelegenheit, um ihn zu bitten, mit Mitgefühl zu regieren. Sie versuchte auch, ihn dazu zu bewegen, auf das Schlachten von Tieren für die königliche Tafel zu verzichten. Im Alter von zweiundzwanzig Jahren erkrankte sie und bat um Erlaubnis, Nonne werden zu dürfen.

Daraufhin widmete sie sich dem Studium des Vajrayana-Buddhismus und beherrschte innerhalb von zwei Jahren die esoterischsten Texte. Im Jahr 1419 starb sie im Alter von vierundzwanzig Jahren und hinterließ eine Sammlung von Gedichten sowie eine Hymne über das *Lotus-Sutra* in sieben Abschnitten.

Nach dem Regen
Der Zierapfel ist gerade vergraben worden
und der Bambus verpflanzt,
Der Bach sprudelt und gurgelt,
als er in den Teich fließt.
Der Frühlingsregen lässt plötzlich nach,
die Brise und die Sonne sind gut,
Als der Ruf eines singenden Vogels
an den blühenden Zweigen vorbeiweht.

Übersetzt von Tatjana Krzemien

EINÄUGIGE JINGANG.
Die Nonne hat ihren Namen daher, dass sie die Sehkraft auf einem Auge verlor, als sie mit großer Zielstrebigkeit das *Diamanten-Sutra (Jingang jing)* las. Sie war für ihre einfache und direkte Persönlichkeit und Lebensweise bekannt und dafür, dass sie alles, was sie bekam, weggab. Jedes Mal, wenn sie das *Diamanten-Sutra* predigte, sammelten sich Massen von Mönchen, Nonnen und Laien, darunter Beamte und Literaten, um ihr zuzuhören und Gespräche mit ihr zu führen. Viele konvertierten zum Buddhismus nachdem sie ihre Predigten hörten. Sie starb mit über siebzig Jahren nachdem sie ihren Todestag vorausgesagt hatte.

Männlich oder weiblich: warum sollte man
zwischen falsch und wahr unterscheiden müssen?
Welche ist die Form in der Guanyin
letztendlich Gestalt annehmen wird?[vii]
Die Haut des Bodhisattvas abzuziehen wäre nicht von Nutzen.
Würde jemand fragen,
ob es der Körper einer Frau oder eines Mannes ist.

Übersetzt von Corinna Kutschaba

JIXING.
Sie trat als junges Mädchen ins Kloster ein, möglicherweise war ihre Familie zu arm, um sie großzuziehen. Als sie älter wurde, suchte sie eine Reihe von buddhistischen Lehrmeistern auf und scheint infolge ihrer Praktiken eine Erleuchtung erfahren zu haben. Sie machte es sich zur Gewohnheit umherzuwandern und um Essen zu betteln. Sie unternahm keinen Versuch sich vor Wind und Regen zu schützen und badete im kalten Fluss. Zuerst hielten die Menschen sie für verrückt und wollten sie nicht versorgen. Aber sie gewann den Ruf die Zukunft voraussagen zu können und es hieß, dass Haushalte, die sie als Gast zu sich einluden, gesegnet waren. Außerdem war sie berühmt für ihre Weisheit und ihre Einsicht, die sie in schlichter und direkter Sprache zum Ausdruck brachte.

Ich fordere diejenigen von euch auf,
die nach Erleuchtung streben –
Um Erleuchtung zu erreichen, müsst ihr gewissenhaft sein!
Wenn dein Geist nicht vollkommen offen ist,
Wirst du dich ewig in der bitteren See suhlen!
Die große Erde ist gewaltig und grenzenlos,
Und es sind zu viele fühlende Wesen um sie zu zählen.
Dennoch, wie viele Menschen gibt es mit der Einsicht
Aus der Bitterkeit des Samsara herauszuspringen?

Übersetzt von Anna Sophie Lindner

SPÄTE MING- UND FRÜHE QING-DYNASTIE (1600–1750)

DAOYUAN.

Wir wissen sehr wenig über Daoyuan, außer, dass sie in eine bestimmte Wu-Familie in dem Gebiet hineingeboren wurde, das heute die Anhui- und Henan-Provinzen umfasst. Sie wurde in den letzten Jahren der Ming-Dynastie in den inneren Palast eingeführt und floh mit dem Hof Richtung Süden, als 1644 die Hauptstadt Beijing fiel. Nicht lange danach trat sie in das Mingyin-Kloster in Hangzhou ein. Sie war bekannt für ihre Poesie, von der Beispiele in vielen Anthologien gesammelt wurden, darunter die *Mingyuan Shiwei*, die von der Anthologin Wang Duanshu zusammengetragen wurde. Daoyuans folgendes Gedicht reflektiert den Übergang von einem Leben im kaiserlichen Palast zu dem in einem Brahma-Palast oder buddhistischen Kloster.

Sitzende Meditation: Niederschreiben meiner Gefühle
Grün getönte Wolken umschließen leise den Brahma-Palast,
So wie strahlend rosa Wolken den verbotenen Palast bewachten.
Alte Äste des Jadebaumes fanden Zuflucht in einem Leben der Reinheit,
Doch neue Melodien des inneren Palastes beherrschen noch immer die traditionellen Gesänge.[viii]
Was dreitausend Li entfernt passierte, war genug, um einem das Herz zu brechen,
Was vor zwölf Jahren passierte, ließ meine Tränen dunkel und rot fließen.[ix]
Ich sehne mich nach Erleuchtung wo die Ungeborene zu finden ist;
Wenn die Lampe der Weisheit zum Erstrahlen gebracht wird, erweist der Spiegel sich als leer.[x]

Übersetzt von Umay-Lelania Mellage

ZAISHENG.

Zaisheng war die Tochter von Yao Ximen (1597-1636), welcher in der späten Ming-Periode als Kulturminister tätig war. Sie heiratete in die Hou-Familie der Ming-Loyalisten ein; ihr Ehemann, Hou Yan, starb als Märtyrer durch die Qing-Truppen. Nach seinem Tod wurde sie Nonne und schloss sich Shenyi in ihrer Einsiedelei an, die sie scheinbar als ihre spirituelle Lehrerin sah.

In der Nacht des fünfzehnten des zweiten Frühlingsmonats, im Daren-Gebirge,
Aufschreiben meiner Gefühle nach der Verabschiedung nach einem Gespräch

Die weißen Wolken am Himmelsende hängen tief wie diese Traurigkeit,
Ich gebe die Schuld an der ewigen Trauer des Abschieds dem Hahn in der Morgendämmerung.
Neblige Weiden entlang der Flussbrücke, ein kleiner Neumond,
Vereinzelte Glocken eines alten Tempels, eine kühle Morgenbrise.
Das täuschende Trugbild eines Menschenalters, blühende Zweige gealtert,
Eine schwebende Existenz von zwanzig Jahren, verloren auf dem mit Unkraut bewachsenen Weg.
Das einsame Schilf an der Mündung des Flusses ist kurz davor, entzweizubrechen,
Wenn du in den Westen[xi] aufbrichst, werden wir Hand in Hand gehen.

Übersetzt von Shima Moazzen

CHAOYI.
Chaoyi kam aus Guangling in der Jiangsu-Provinz. Sie war verheiratet, wurde aber jung zur Witwe, woraufhin sie beschloss Nonne zu werden. Drei Jahre nach ihrem Eintritt ins religiöse Leben, starb sie. Sie hinterließ eine kleine Sammlung von Gedichten und religiösen Versen, welche bedauerlicherweise heute nicht mehr existiert. Der bekannte Dichter Wang Shizhen (1634-1711) schrieb jedoch in hohen Tönen von ihr.

Blumen betrachten
Den Boden benutzen, um sie zu bewässern, das Wasser verwenden, um sie einzupflanzen —
Diese umgekehrte Art des Arbeitens erlaubt es mir zu tun, was mir gefällt.
Im Garten voller Frühlingsbrisen, die Blumen plaudern mit sich selbst;
Sie fühlen nicht den Drang mit ihren Farben bei jemand anderem anzugeben!

Übersetzt von Corinna Kutschaba

JINGMING.

Sie scheint ein kränkliches Kind gewesen zu sein, was vielleicht der Grund dafür war, dass ihre Eltern sie im Alter von sieben Jahren der Obhut der Nonnen des Xiaoyi-Klosters von Hangzhou anvertrauten. Dort ging Madam Tang, die zweite Frau des großen buddhistischen Lehrmeisters der Ming-Dynastie, Yunqi Zhuhong (1535-1615), ihrer Berufung nach, nachdem er sie verlassen hatte, um Mönch zu werden. Jingming wuchs in diesem Kloster auf und wurde im Alter von 19 Jahren ordiniert. Es scheint, als wäre sie schließlich Äbtissin des Klosters geworden und erweiterte das Kloster im Laufe der Zeit durch ihre schiere Entschlossenheit um einige Gebäude, darunter einen Lesesaal, eine Meditationshalle und einen Stupa-Garten. Das Mädchen, das als Kind so kränklich gewesen war, dass niemand dachte, sie würde überleben, starb schließlich im reifen Alter von 82 Jahren.

Mündliche Anweisungen für meine Schülerinnen
In der Mitte der Halle ist eine stattliche Säule,
Von welcher Banner und Laternen hängen.
Laternen, die den großen Chiliokosmos beleuchten,[xii]
Banner, die das höchste Vehikel herunterziehen.
Außerhalb der Tore ist das Wasser des Flusses,
Welches sowohl das Gesicht als auch den Geist reflektiert.
Das Gesicht der Wahrheit sorgt sich nicht um Falten,
Solange der Geist des Weges tiefgründig ist.

Übersetzt von Anna Sophie Lindner

JIFU.
Jifu wurde in die Li-Familie in Huzhou in der Jiangsu-Provinz geboren und war ein extrem frühreifes junges Mädchen. Sie erhielt die Dharma-Übertragung von Chan-Meister Jichu Hongchu (1605-72), der ein Dharma-Nachfolger von Hanyue Fazang (1573-1635) war, der selbst ein Dharma-Nachfolger von Miyun Yuanwu war, später aber über eine Vielzahl dogmatischer Fragen mit seinem Lehrer brach. In der zweiten Hälfte seines Lebens diente Jichu Hongchu als der Abt des Lingyan-Klosters in Hangzhou und war bekannt für seine engen Verbindungen zu den weltlichen Literaten der Jiangnan-Gegend. Jifu selbst wurde Äbtissin des Miaozhan- und des Lingrui-Klosters, beide in der Hangzhou-Suzhou Gegend. Allerdings haben wir wenige Informationen über ihr Leben, neben dem was aus ihren Gedichten, Predigten und anderen Schriften entnommen werden kann. Tatsächlich hinterließ sie zwei Schriftsammlungen. Die erste ist eine fünf Kapitel lange Sammlung von Predigten, Gedichten und anderen Schriften, zusammengetragen in der Zeit, in der sie die Äbtissin des Miaozhan-Klosters war, die scheinbar zu ihren Lebzeiten gedruckt und in Umlauf gebracht wurde. Die zweite Sammlung, ebenfalls in fünf Kapiteln, scheint nach ihrem Tod gedruckt worden zu sein.

Lied der zwölf Stunden eines Tages[xiii]
Mitten in der Nacht – die erste Stunde
In meinen Träumen wandere ich umher, und weiß nicht, wie ich mich aufhalten kann.
Das Grün der östlichen Hügel und der westlichen Gipfel in Stücke tretend,
Dann umdrehen, um zu erkennen, dass man die ganze Zeit in die Bettdecken gekuschelt war.

Der Hahn kräht – die zweite Stunde
All die Routinen des täglichen Lebens, jede einzelne im Einklang.
Dort drüben, am Ufer des Flusses, schrubben sie ihre Gesichter, bis sie glänzen,
Hier drüben, den Mund mit Tee ausspülen, ihn dann runterschlucken.

Die Morgendämmerung bricht an – die dritte Stunde
Ich bin hier allein zwischen zehntausend Formen und kann meinen Körper entblößen.
Würden Buddha und die Vorfahren kommen, fänden sie es schwer mich zu überwältigen,
Nur wenn eine Person selbst willig ist, kann jemand intim mit ihr werden.

Die Sonne geht auf – die vierte Stunde
In den Trauerbaum[xiv] -Hainen sind die Farben hell und strahlend.
Es gibt keinen Grund anderswo nach Buddha zu suchen, Gautama,
Sein Sechzehn-Fuß-hoher goldener Körper ist in einem einzelnen Grashalm.

Essenszeit – die fünfte Stunde
In dem neuen Topf, duftende, köstliche Körner frischer Reis.
Wenn ich meinen Brei gegessen habe, gehe ich meine Schüssel spülen
Dann bitte ich den Dharma-Meister die anderen zu korrigieren und anzuweisen.

Vormittag – die sechste Stunde
Teile die große Leere nicht in „dieses" und „jenes."
Glocken und Klöppel im Wind sind sehr gut im Predigen,
Erklären alles im Detail, ohne ein einziges Wort zu verwenden!

Die Sonne wandert gen Süden – die siebte Stunde
Die, die Muße mögen, schlagen nicht Hoshans Trommel.[xv]
Wenn es Freizeit gibt, besteige ich den Berg und spaziere umher,
und wenn ich müde bin, setze ich mich einmal mehr auf die Meditationsmatte.

Die Sonne beginnt zu sinken – die achte Stunde
Durch den zwölfgeteilten Kanon wissen wir,
wie man sich benimmt.
Mit gesenktem Kopf setze ich
mein Vertrauen in den Unvergleichlich Großen Einen
Und wage zu fragen,
wie man das auf diesen Herbst von 1665 anwendet.[xvi]

Später Nachmittag – die neunte Stunde
Mein Verständnis ist noch immer
auf dieser Seite des Flussüberganges.
Ich schelte mich selbst, dass meine Anbauübung
nicht stärker ist.
Wenn alles gut geht, bin ich glücklich;
wenn es das nicht tut, werde ich wütend!

Die Sonne geht unter – die zehnte Stunde
Die Sichel des Mondes hängt
über der Weide am Fenster.
Ich puste auf das Anzündholz,
und der Ofen füllt sich mit Rauch.
Vier oder fünf Flocken dunkler Asche
fliegen hoch über meinen Kopf.

Goldene Dämmerung – die elfte Stunde

Zeit für die Mäuse sich herauszuwagen,
um den blassen Honig zu stehlen.
Am Fuß meines Bettes
machen sie Lärm bis spät in die Nacht,
Was diesen Bergmönch stört,
so dass sie nicht schlafen kann.

Alle kommen zur Ruhe – die zwölfte Stunde
Die Senfsaat trinkt das Duftwassermeer leer.[xvii]
Unter meinen Roben leuchtet plötzlich das *Mani*-Juwel,[xviii]
Im Gleichklang singend mit den Laternen der äußeren Säulen.[xix]

Übersetzt von Umay-Lelania Mellage

Lotus Blume
Der Wind streift den feinen Lotus,
der Wasserpavillon ist kühl,
Unbefleckt von treibendem Schlamm,
verströmt er nachts einen Duft.
Wenn jemandes gesamtes Selbst so stabil ist
wie eine Kutsche mit riesigen Rädern,
wird es keinen Grund geben nach Westen zu reisen,
um den Dharma-König zu treffen.

Übersetzt von Umay-Lelania Mellage

YINYUE.

Yinyue stammte aus einer Familie der Oberschicht aus Shaoxing (Zhejiang-Provinz). Es wird gesagt, dass sie von klein auf wenig Interesse an weltlichen Aktivitäten zeigte und oft meditierte. Mit sechzehn Jahren wurde sie mit einem gewissen Herrn Xie verheiratet, aber im Alter von dreißig Jahren wurde sie Schülerin und später Dharma-Erbin des Linji-Chan-Meisters Linye Tongqi (1595-1652), einem weiteren der zwölf Dharma-Erben von Miyun Yuanwu. Vielleicht war sie verwitwet, vielleicht konnte sie aber auch die religiöse Berufung, die sie seit ihrer Kindheit verspürte, nicht länger verleugnen. Yinyue scheint stark eremitisch veranlagt gewesen zu sein, lebte anfangs in einer kleinen Einsiedlerklause und nannte sich „die kauernde Drachen-Äbtissin".

Obwohl ihre Schüler*innen nach ihrem Tod die Aufzeichnungen über ihre Reden zusammenstellten, sind leider keine ihrer Schriften erhalten geblieben, abgesehen von einigen Gedichten und vereinzelten Berichten über den Dharma-Austausch. Wang Duanshu (1621-ca. 1706), die berühmte Dichterin und Verfasserin einer Anthologie mit Schriften von Frauen, bemerkt, dass Yinyues religiöse Poesie für diejenigen, die ihn brauchen, den Beweis liefert, dass „die Fähigkeit, den Großen Weg zu verwirklichen, nichts damit zu tun hat, ob man ein Mann oder eine Frau ist".

Der Weltgeehrte betrachtet die leuchtenden Sterne
Gegenwart, Vergangenheit, Himmel und Erde — keine
Wiedergeburt mehr,
Wozu also besondere Analysen und Erklärungen?
Und doch erscheinen jetzt Nacht für Nacht leuchtende Sterne;
Ist es nicht vielleicht eine Zusammenkunft der Barmherzigen?

Übersetzt von Shima Moazzen

In den Bergen
Dieser kauernde Drache weiß nichts von Chan,
Wer fragt, bekommt nur eine Faust zur Antwort.
Hoch oben unter den vielschichtigen Felsen ruhend,
Vergesse ich völlig das Vergehen der Jahre.
Bedauernswert sind alle, die der Welt hinterherjagen,
Die sich zwischen Himmel und Erde abmühen und quälen.
Beschämt, dass obwohl ich nicht viel weiß,
Es mir gelungen ist, mein Leben in Muße zu leben!

Übersetzt von Shima Moazzen

ZWEITE HÄLFTE DER QING-DYNASTIE (1750–1911)

ZIYONG.

Ihre Familie stammte ursprünglich aus der Liaodong-Provinz, weit im Norden, war aber den Qing-Armeen nach Beijing gefolgt. Ihr Vater ließ sich später in der heutigen Hubei-Provinz nieder, wo sich sein Leben und das seiner Frau um die Arbeit als Bauern und das Lernen drehte. Ziyong war Einzelkind; als sie auf die Welt kam, war ihre Mutter Ende vierzig. Sie war ein ernstes Kind und als sie ein heiratsfähiges Alter erreichte, wehrte sie sich vehement und bestand darauf, ihr Leben als Vegetarierin, fastend und mit dem Sticken von Buddhas zu verbringen. Ihre Eltern stimmten widerwillig zu. Doch bald darauf beschloss Ziyong, dass sie ihr spirituelles Wissen erweitern wollte und sie begann viele der bedeutenden Chan-Meister ihrer Zeit aufzusuchen.

Jahrzehnte später erhielt sie die Dharma-Übertragung von einem Linji-Chan-Meister mit dem Namen Gulu Fan (Daten unbekannt). Daraufhin wurde sie Äbtissin einer Reihe von Klöstern im Gebiet um Beijing. Zweifellos waren viele ihrer Anhängerinnen Angehörige der kaiserlichen Familie und Kaiser Kangxi verlieh ihr schließlich den Ehrentitel „Mitfühlende Trägerin der universellen Erlösung".

Später unternahm Ziyong eine ausgedehnte Pilgerreise in den Süden, um Stätten zu besuchen, die mit den früheren Meistern der Linji-Linie in Verbindung standen. Auf ihrem Weg besuchte sie verschiedene heilige buddhistische Berge und Tempel und traf viele bedeutende Mönche. Sie beeindruckte die weltlichen Gönner einer Region in der Jiangsu-Provinz so sehr, dass diese sie überzeugten die Leiterin eines restaurierten Klosters zu werden.

Ziyong scheint viele Jahre im Süden verbracht zu haben und es ist unklar, wann, oder ob sie überhaupt je in die Hauptstadt zurückkehrte.

Zehn Verse präsentiert zum Anlass einer Zusammenkunft meiner Anhängerinnen in der Hauptstadt, um mich zu verabschieden
Gestern versammelte ich meine Anhängerinnen und sprach vom Schmerz der Trennung
Wenn ich mich, das Herz voll unaussprechlicher Trauer, ins Jenseits begebe.
Ich habe den Blumen im Hof befohlen nicht ängstlich zu sein,
Voll Furcht, dass die perlenden Tautropfen den Herbst verkünden.
Mit kleinem gekauftem Boot bin ich bereit nach Süden zu reisen,
Der helle Mond füllt meine Brust, mein leeres Herz ist ein bisschen flattrig!
Vor den Klippen singen versteckte Vögel mit großer Dringlichkeit,
Sie sagen „Wenn du im Süden ankommst, befrage die Dreiundfünfzig!"
Letzte Nacht öffneten sich die numinosen Blumen in meinen Träumen,
Aber beim Aufwachen war alles so gewaltig und unversehrt wie zuvor.
Ein himmelweit leuchtender Mond, so klar als hätte er gerade gebadet,
Die Jadewasser und Hügel von Yan heben alle die Stimmung der Reisenden.

Übersetzt von Thane Ortmann

Kränke nicht die Faulen und Narren dafür, dass sie „keinen Verstand" haben,
Wolken steigen aus keinem Verstand, genau wie die Lieder aus Vögeln.
Der Wind durchsticht die Helligkeit der Blumen, ihr Duft singt, wozu mehr als all das suchen?
Es ist nur, dass ich die Hügel von Yan und ihre Jadewasser liebe,
Wo klare Böen und helle Monde einander ergänzen.
Die Vögel des Waldes sind schlau genug zu wissen was vor sich geht,
Fliegen nahe am Karren des Reisenden, schließen einen weitreichenden Pakt.
Ein Ruderboot treibt in der Weite unter dem hellen Mond,
Ob im Norden oder im Süden, der Mond ist ein und derselbe.
Meine Anhängerinnen, sagt nicht, dass eure Emotionen euch überwältigen,
Wenn der Herbst kommt, werdet ihr die Gänse zurückkehren sehen.[xx]
Zwei Ärmel voll Frühlingszeit leicht verlasse ich die Verbotene Stadt,
Eine Brust voll ängstlicher Gedanken fahre ich Richtung Süden.
Ich habe die Berge von Yan im Kopf als sich die trauernden Wolken verdichten,
Erst zum Höhepunkt des Herbstes klaren ihre Farben naturgemäß auf.

Übersetzt von Thane Ortmann

DAOQIAN.
Daoqian (gestorben 1820) kam aus Jiahe in der Zhejiang-Provinz. Mit siebzehn Jahren trat sie in ein Kloster in Xiuzhou ein, wo sie viele Jahre in stillem Rückzug verbrachte. Später fing sie an Chan-Buddhistische Texte zu lesen und nach Unterweisung bei verschiedenen Lehrern in ihrer Gegend zu suchen, darunter Baolin Zhengong, vom Guoqing-Kloster auf dem Tiantai-Berg. Angeblich fragte sie in dem ersten Gespräch mit dem Mann, der ihr Lehrer werden sollte: „Was ist das Gesicht des großartigen Mannes?". Daraufhin antwortete Zhengong: „Warte bis du dich selbst von den fünf Hindernissen befreit hast [die eine Frau daran hindern Buddha zu werden] und dann werde ich es dir sagen.". Es stellte sich heraus, dass Zhengong sie testen wollte, da er ihr am Ende Unterricht und letztendlich auch die Dharma-Übertragung gab. Im Laufe der Zeit erwarb Daoqian einen Ruf für ihre spirituelle Disziplin und Einblicke und zog viele Anhänger*innen an. Sie konnte außerdem die Unterstützung vieler weltlicher Gönner gewinnen, was ihr erlaubte ein Kloster zu bauen, in welchem sie über 40 Jahre lebte und praktizierte. Daoqian kombinierte Chan-Meditationen mit Jingtu zong („Schule des reinen Landes")-Rezitationen und es heißt, dass der Klang der Gesänge Tag und Nacht aus ihren Räumen zu hören war.

Klosterleben
Du hast aufrichtig den Weg studiert, Jahr um Jahr,
Und nun klammerst du dich weder an Existenz noch Nichtexistenz.
Aber zuhause angekommen, solltest du nicht nur herumsitzen,
Sondern rausgehen und die Felder des Verdienstes für andere pflügen.[xxi]
Achtzig Jahre und acht
Kein Verlangen, keine Bindung.
Lass uns weiter zurück nach Hause gehen,
Wenn das Wasser aufklart, erscheint der Mond.

Übersetzt von Celine Sprenger

DAWU.
Dawu (1854-1927) wurde in Nantong, in der Jiangsu-Provinz geboren. Als ihr junger Verlobter plötzlich verstarb, weigerte Dawu sich, jemand anderen zu heiraten und widmete sich stattdessen gänzlich dem Jingtu zong-Buddhismus. Ihre Familie unterstützte sie nicht, sondern versuchte sie von ihrer Entscheidung abzubringen und weigerte sich schließlich Dawu finanziell zu unterstützen, als sie sie schließlich überzeugt hatte, dass sie niemand daran hindern konnte, Nonne zu werden. Ihr Leben war zu Anfang von Strapazen geprägt, während sie versuchte sich als Selbstversorgerin durzuschlagen, vom Feuerholz sammeln bis zum Bepflanzen ihres Gartens. Sie zog hierfür in ein heruntergekommenes Kloster ein, genannt das Dabei- oder Guanyin-Kloster. Mit der Zeit gewann sie den Respekt so vieler weltlicher Spender, dass sie in der Lage war das Kloster wieder herzurichten. Zum Ende ihres Lebens erfüllte sie sich einen lebenslangen Traum und ging auf eine Pilgerfahrt, auf welcher sie verschiedene buddhistische Heiligtümer besuchte, darunter das Jiuhua-Gebirge und Putuo Shan.

Die Zehntausend Beschwerden der Welt haben sich verflüchtigt.
Alles, was verbleibt ist der wahre Herzensgeist, der Buddhas Namen beschwört.
Mit nur einer einzigen Anrufung, erhebe ich mich über die Bitterkeit dieser Welt,
Gier, Wut, Ignoranz und Lust werden restlos entwurzelt.
In vollkommener, nackter Reinheit hause ich im Turm strahlenden Lichts,
Ich manifestiere *Dharmakaya* und bin vom Lebensrad befreit.
Sobald ich meinen Eid erfüllt und die perfekte Unverdorbenheit der Reinen Landes erlangt habe,
Werde ich in diese Welt des Leids zurückkehren und alle fühlenden Wesen befreien.

Übersetzt von Laurin-David Weggen

LONGLIAN.
Longlian wurde 1909 in Sichuan geboren. In ihren Zwanzigern wurde sie die erste Frau, die die Prüfungen zur Regierungsbeamtin bestand, doch als ihr lediglich ein Job als Sekretärin und Lektorin angeboten wurde, entschied sie sich stattdessen für ein religiöses Leben. Mit zweiunddreißig wurde sie Nonne im Aidao-Kloster in Chengdu und später auch im Tiexiang-Kloster. Durch die Nähe zu Tibet, genoss der esoterische Buddhismus während der frühen 1930er und 1940er Jahre in der Sichuan-Region große Popularität; so war Longlians erster Lehrer ein tibetischer Lama.
Später wurde sie eine Schülerin des Mönchs Nenghai (1886-1967). Als junge Nonne besuchte Longlian vor 1949 oft das Kloster Jinci, wo sie unter Nenghai lernte und diverse Vorträge anderer, reisender Lehrer besuchte. Auch unterzog sie sich einem strengen Meditationstraining. Nach 1949 zog Longlian in das Tongjiao-Kloster in Beijing, welches bis in die späten 1950er geöffnet blieb, bis sie in den frühen 1960ern nach Sichuan zurückkehrte, wo sie sich während der schlimmsten Ausschweifungen der Kulturrevolution in ein Kloster auf dem Emei Shan zurückzog.
Longlian, die im Jahr 2006 verstarb, war für viele Jahrzehnte eines der führenden Mitglieder der Buddhistischen Vereinigung Chinas. Außerdem war sie die Äbtissin des Aidao-Klosters in Chengdu, Sichuan, und war für die Gründung einer der frühesten und bis heute wichtigsten Bildungsstätten für buddhistische Nonnen verantwortlich. Im Jahr 1997 wurde eine Biografie Longlians mit dem Titel *Dangdai diyi biquini: Longlian Fashi zhuan* („Die herausragendste Nonne der

Gegenwart: Das Leben der Dharma-Meisterin Longlian") in China zum Bestseller.

Dieses Buch enthält eine Auswahl von Longlians Gedichten, von denen viele in traditionellen Stilen und Genres geschrieben wurden und somit an die Poesie der Nonnen der Kaiserzeit anknüpfen.

Morgengebet
Blumen umkreisen die Meditationskammer, die Nachtluft so frisch,
Eisige Glocken, tief und düster, erwecken den mächtigen Leviathan[xxii].
Die goldenen Glockenspiele schweigen, die Banner ruhen,
Das Juwelennetz, jenes ineinandergreifende Netz erleuchteter Weisheit.[xxiii]
Hymnen der Huldigung tragen uns jenseits der drei Welten des Verlangens,
Dunkle Roben schleifen verlockend durch die fünf Elemente.
Dem *Lankavatara Sutra* folgt ein Augenblick der Ruhe,
Und vom Mondlicht umspült, glühen die Dachziegel des Tempels.

Übersetzt von Laurin-David Weggen

An die englische Nonne Ngawang Chodron auf ihrer Pilgerfahrt nach Lhasa[xxiv]
Alleine legt sie zehntausend Li zurück auf wallenden Wellen,
Ihre Entschlossenheit unzerbrechlich, unerschüttert von der Mühsal ihrer Reise.
Schneebedeckte Gipfel wenden sich im Blau, die Weiden der Prinzessin,
Die Meereswolken von Röte geprägt, der Wegerich der Schönheit,
Die Neun Provinzen teilen einen Traum: das Land Huaxu[xxv],
Seite an Seite üben wir uns in der Leere: die Brücke der Jingjian[xxvi].
Einhundert Häuser innerhalb der vier Ozeane verstehen Buddhas Worte,
Der Pfad zum Reinen Land hier im Reich der Menschen liegt nicht mehr weit entfernt.

Übersetzt von Laurin-David Weggen

BEATA GRANT

SCHREIBENDE BUDDISTISCHE NONNEN IN CHINA

Der Buddhismus fand seinen Weg nach China im ersten Jahrhundert unserer Zeitrechnung und obwohl die orthodoxen Nonnenlinien erst einige Jahrhunderte später entstanden, wurde eine Chinesin namens A Pan einer Quelle nach bereits 67 n. Chr. buddhistische Nonne. Als erste ordinierte chinesische buddhistische Nonne gilt jedoch traditionell Jingjian (ca. 292-ca. 361), eine Frau aus einer gebildeten Familie der Oberschicht, die durch die Lektüre einiger ins Chinesische übersetzter buddhistischer Sutras inspiriert wurde. Wir wissen von Jingjian und anderen bedeutenden Nonnen aus dieser prägenden Zeit des chinesischen Buddhismus durch Baochang, einen Mönch am Hof der Liang-Dynastie. Er stellte im Jahr 516 eine Sammlung von fünfundsechzig Berichten von Nonnen aus den beiden vorangegangenen Jahrhunderten mit dem Titel *Leben der Nonnen (Biqiuni zhuan)* zusammen. Nach der Liang-Dynastie (502-57) ging entweder die Zahl der buddhistischen Nonnen, die sich literarisch und intellektuell betätigten, beträchtlich zurück oder aber es wurden in Ermangelung eines weiteren Baochang keine ihrer Aktivitäten aufgezeichnet.

Ein weiterer Grund für die Unsichtbarkeit der schreibenden Nonnen zu dieser Zeit ist, dass viele gebildete buddhistische Nonnen hauptsächlich dafür zuständig waren als Predigerinnen und Lehrerinnen in den vielen religiösen Einrichtungen zu dienen, welche während dieser Epoche innerhalb der inneren Quartiere des Palastbezirks entstanden. Diese Klöster wurden hauptsächlich dafür entworfen, den Bedürfnissen der vielen tausenden Frauen zu dienen, welche den kaiserlichen Harem bildeten, sowie den Frauen der kaiserlichen Familie oder von hohen Beamten, welche in Verbindung mit dem Gericht standen. Angesichts der abgelegenen und versteckten Welt des Palastes generell und besonders der Frauenquartiere, zusammen mit den traditionellen Konfuzianischen Hemmungen gegenüber lehrenden und öffentlich sprechenden Frauen, hatten wenige dieser Frauen jemals die Möglichkeit ein größeres Publikum zu erreichen, weder mit ihren Predigten noch ihren Schriften. Trotz des Mangels an überlieferten Schriften, gab es gebildete und literarische Nonnen während der Tang-Dynastie, auf welche sich viele Geschichten der Chan-buddhistischen Meister der Tang-Dynastie beziehen.

Während der Song-Dynastie boten Klöster Frauen eine viel respektablere soziale Position als in der Tang-Dynastie. Ein Grund dafür war, dass der Eintritt einer Tochter in ein Kloster ein akzeptabler Weg war, dem finanziellen Dilemma zu entgehen, ansehnliche Mitgiften zu stellen, um Beziehungen zwischen den Familien der neu entstehenden Beamten-Gelehrten-Klasse zu stärken. Ein anderer Grund war eindeutig mit der vom Hof der Song-Dynastie neu entwickelten Richtlinie verbunden, nach welcher Nonnen nicht nur ihre eigenen Schülerinnen ordinieren, sondern auch ihre eigenen Klöster leiten durften, ohne sich auf die Autorität der männlichen klösterlichen Sangha verlassen zu müssen.

Im Jahr 1279 fiel die belagerte südliche Song-Dynastie an die mongolische Yuan-Dynastie (1260-1368). Obwohl Chinas neue Herrscher den Buddhismus als ihre offizielle Religion annahmen, finden wir erst in der darauffolgenden Ming-Dynastie (1368-1644) nennenswerte Verweise auf buddhistische Nonnen. Im 16. Jahrhundert jedoch, mit der Thronbesteigung des Jiajing-Kaisers (reg. 1522-66), rückte der Buddhismus in den Hintergrund. Obwohl der Kaiser anscheinend völlig besessen von dem Wunsch war, für sich selbst die daoistische Unsterblichkeit zu erlangen, nutzten einige konfuzianistische Beamte die unverhüllten antibuddhistischen Einstellungen ihres Kaisers aus, um den vielen buddhistischen Einrichtungen, die die physische und soziale Landschaft Chinas übersäten, oft drakonische Maßnahmen aufzuerlegen.

Der Tod des Kaisers von Jiajing brachte das Ende der Verfolgung und der Buddhismus verbreitete sich während der folgenden Wanli-Periode (1572-1619), über das Ende der Ming-Dynastie hinaus und bis in die Anfänge der Qing-Dynastie (1644-1911). Diese Periode buddhistischen Aufschwungs fiel mit einer Zeit sozialer und kultureller Unruhen während des Übergangs der Ming- zur Qing-Dynastie zusammen. Sie fiel außerdem mit einer Anzahl an weitreichenden Veränderungen in der chinesischen Gesellschaft zusammen, darunter einer bis dato ungekannten Expansion von Handel und Kommerz, die zum Wachsen von Urbanisierung und privatem Reichtum führte. Dies wurde von einer explosionsartigen Welle neuer Literatur begleitet. In ihrem Bestreben die Bedürfnisse einer wachsenden Leserzahl zu decken, vor allem in den städtischen Regionen im Südosten von China, fingen Verlage, Lektoren und Herausgeber an, auch den Texten und besonders der Lyrik von Frauen Aufmerksamkeit zu schenken.

Zum Ende der Kaiserzeit, als die Qing-Dynastie in den letzten Zügen war und die Gesellschaft wieder in Aufruhr geriet, erschien das religiöse Leben wieder als letzter Zufluchtsort, wenn auch nicht immer als Wahl für intelligente Frauen, die in das Chaos und die Unsicherheit dieser Zeit verwickelt waren. Ich habe eine kleine Auswahl der Buddhistischen Nonnen getroffen, die in den letzten Tagen der Qing-Dynastie geboren wurden, darunter auch die berühmte Gelehrte und Nonne, Longlian (1909-2006). In letzter Zeit hat die weibliche klösterliche Sangha einen großen Aufschwung erfahren, vor allem in Taiwan, aber auch in der Volksrepublik China. Viele, wenn nicht die meisten dieser modernen Nonnen, sind hochgebildet und ohne Zweifel finden viele von ihnen trotz ihrer vollen Terminpläne als Administratorinnen, Pädagoginnen, Predigerinnen und Lehrerinnen Zeit um Lyrik zu schreiben.

Viele der von buddhistischen Nonnen verfassten Gedichte sind praktisch nicht von denen zu unterscheiden, die von buddhistischen Mönchen verfasst wurden. Selten beziehen sie sich auf das Geschlecht, außer um ihre Leser an dessen Bedeutungslosigkeit zu erinnern. Es ist jedoch anzumerken, dass Mönche selten oder nie das Bedürfnis verspüren, die Irrelevanz von Geschlechtsunterschieden zu betonen (außer wenn sie sich an ihre wenigen weiblichen Schülerinnen wenden). Anders gesagt hat es eine andere Bedeutung, wenn eine Nonne die Irrelevanz des Geschlechts betont, als wenn ein Mönch es tut. Beides kann als eine Form der Rhetorik gesehen werden, aber die praktischen Auswirkungen sind sehr unterschiedlich: Männer konnten es selbstverständlich voraussetzen, Frauen sicher nicht. Dass selten direkt und persönlich auf das Frausein Bezug genommen wird, bedeutet jedoch nicht, dass es in diesen Gedichten keinerlei Hinweise auf das Geschlecht gibt. Zum einen beziehen sich diese Nonnen oft auf frühere buddhistische Nonnen oder Laiinnen als spirituelle Vorbilder, ein Hinweis darauf, dass es eine weibliche Linie gab, der sie sich zugehörig fühlen. Leser*innen sollten auch bedenken, dass diese Nonnen ihre Gedichte oft an ihre Schülerinnen, sowohl Laiinnen und Nonnen, sowie an ihre „Dharma-Meister" und „Dharma-Schwestern" richteten. Es ist aufschlussreich, dass Beziehungen innerhalb der weiblichen Sangha oft mit männlichen Verwandtschaftsbegriffen wie „jüngerer Dharma-Bruder" (*fadi*) und „älterer Dharma-Bruder" (*faxiong*) beschrieben wurden. Solche Gedichte verweisen auf die gemeinsamen Bestrebungen und die oft enge Verbindung religiöser Gemeinschaft unter Frauen in einer weitestgehend männlich dominierten Tradition. Kurz gesagt, obwohl ich glaube, dass viele dieser Gedichte sicherlich für sich stehend gelesen werden können, sollten sie, um vollständig gewürdigt zu werden, mit einem Verständnis des größeren Kontextes gelesen werden, in dem sie geschrieben wurden.

BIOGRAFIEN

BEATA GRANT ist emeritierte Professorin für chinesische Sprache und Literatur an der Washington University in St. Louis, Missouri. Sie ist unter anderem Autorin von *Eminent Nuns: Women Chan Masters of Seventeenth-Century China* (2008).

Das Übersetzungs- und Buchproduktionslabor Gruppe B[ie] wurde 2013 unter der Leitung von Dr. habil. Johanna Domokos im Fachsprachenzentrum der Universität Bielefeld gegründet. In verschiedenen Projekten und Seminaren untersuchen die Teilnehmer*innen die Übersetzbarkeit poetischer Diversität. Die Studierenden bekommen die Möglichkeit sich mit dem Übersetzen, Lektorieren, Herausgeben, Herstellen und Vermarkten eines Buches auseinanderzusetzen und Erfahrung zu sammeln. Bis jetzt wurden über ein Dutzend Publikationen veröffentlicht, z.B. *Invasion Paradies – Lesebuch über die Möglichkeiten, Finne zu sein*; *Grüße aus Lappland* von Nils Aslak Valkeapää, *Die Sámi – Traditionen im Wandel* von Veli-Pekka Lehtola, *Die Sonne leckt Sahne* von Inger-Mari Aikio, *Polyglorica* von Sabira Ståhlberg, oder *Nekrobürger* von Jennifer Kwon Dobbs.

An diesem Projekt unter der Leitung von Dr. habil. Johanna Domokos haben die folgenden Studierenden teilgenommen: Michelle Bergmann, Lilly Wiebke Bücker, Laura Hansen, Livia Krawatzki, Tatjana Krzemien, Corinna Kutschaba, Anna Sophie Lindner, Umay-Lelania Mellage, Shima Moazzen, Thane Ortmann, Celine Sprenger, Laurin-David Weggen.

Webseite der Gruppe B[ie]:
https://www.uni-bielefeld.de/einrichtungen/fsz/projects/gruppe-bie/

ENDNOTE

i Das Acht-Yang-Sutra bezieht sich auf ein Gewirr von Texten, das nicht nur keinen Sinn ergibt, sondern dreitausend Teilbände oder Kapitel lang ist. Hier drückt Zhenru einen typisch Chan-buddhistischen Anspruch aus, dass das scholastische Studium der Schriften und Sutras bei der Suche nach Erleuchtung irrelevant sei.

ii Diese (wenn auch nur rhetorische) Missachtung der technischen Einzelheiten traditioneller chinesischer Poesiestile geht auf ein Hanshan zugeschriebenes Gedicht zurück, in dem der Dichter einem gewissen „Absolventen Wang" antwortet, der ihn verspottet hat, weil er die Regeln des Dichtens nicht kannte und wiederholt „alltägliche Worte" verwendete. Hanshans Antwort ist einfach: „Ich lache darüber, wie du Gedichte schreibst / Wie ein Blinder, der über die Sonne singt!" (Siehe Robert H. Henricks, *The Poetry of Hanshan*, S. 384.)

iii Im Jahr 1124 hat Dahui Zonggao die Einladung angenommen, in einem neu erbauten Kloster namens Yunmen (Wolkentor) zu leben, was sich in Fuzhou, in der heutigen südlichen Provinz Fujian, befand. Dies ist vermutlich der Ort, an dem Zhenru ihn traf, und wo ihr Irrglauben unter der Führung des Meister vollständig „besiegt" wurde.

iv Es gibt mehrere Varianten dieses Bildes in der Chan-Literatur. Im *Blue Cliff Record* finden wir zum Beispiel „Wenn Ochsen in der Provinz Huai Getreide fressen, sind die Bäuche der Pferde in der Provinz Yi aufgebläht." (Cleary and Cleary, Übers., *The Blue Cliff Record*, S. 528). Es bezieht sich unter anderem auf die Wechselbeziehung von Ursache und Wirkung über Raum und Zeit.

v Im 28. Fall des *Blue Cliff Record* finden wir eine Metapher, die in Zuqins Gedicht abgewandelt wird. Wenn man nicht in die richtige

Richtung gehe, könne man sein Ziel nicht erreichen. Die letzten beiden Zeilen könnten auch so gelesen werden: „Wenn du den großen Wagen im Norden umkippst, bist du im Süden". Im traditionellen China saßen die Herrschenden, wie Kaiser und Äbte, immer mit dem Gesicht nach Süden.

vi Die Lampe bezieht sich hier auf das Licht von Buddhas Lehre, dem Dharma. Die zwei Bäume können eine indirekte Andeutung auf das *parinirvana* Buddhas sein, der, als er sterbend im Schatten von zwei *sala*-Bäumen lag, seine Schüler angewiesen hat „Lampen für sich selbst" zu sein.

vii Guanyin ist der chinesische Name für den Bodhisattva Avalokiteshvara. In einer Vielzahl von Mahayana-Schriften, darunter dem *Lotus-Sutra*, wird der Bodhisattva beschrieben, welcher jenseits aller Geschlechter steht. Er soll in der Lage sein bis zu dreiunddreißig verschiedene männliche und weibliche Formen anzunehmen, um einem möglichst weiten Spektrum fühlender Wesen von Nutzen sein zu können. (Siehe Chün-fang Yü, *Kuanyin: The Chinese Transformation of Avalokiteśvara*, New York, Columbia University Press, 2001, S. 45–50).

viii Gemeint ist hier der Stil, der mit einer bestimmten Chan-buddhistischen Abstammung verbunden wird. Hier scheint Daoyuan zu sagen, dass, obwohl sie die Kammern des inneren Palastes gegen die des Klosters eingetauscht hat, die weltlichen Melodien, die sie einst sicher einwandfrei beherrschte, sich in ihren religiösen und rituellen Gesängen noch immer bemerkbar machen.

ix Sie weinte so viel, dass ihre Tränen zu Blut wurden.

x Wenn jemand in einen Spiegel schaut – eine übliche Beschäftigung für Palastbewohnerinnen – wird man durch das Licht des *Dhyana* (*Chan*) oder Meditation, die Leere aller Erscheinungen erkennen.

xi Auch hier bezieht sich der „Westen" auf das westliche Paradies, das Reine Land des Amitabha-Buddha.

xii In der traditionellen buddhistischen Kosmologie gibt es neben der uns bekannten Welt unzählige Welten und Universen, die im Weltraum schweben. Tausend dieser kleinen Welten bilden einen kleinen Chiliokosmos, tausend kleine Chiliokosmen einen mittleren Chiliokosmos und tausend mittlere einen großen Chiliokosmos.

xiii Eine chinesische Stunde ist äquivalent zu zwei westlichen Stunden. (Das chinesische Wort für die westliche Stunde *xiaoshi* bedeutet „kleine Stunde" im Gegensatz zu der größeren Doppelstunde.) Dementsprechend meint die erste Stunde 1-3 Uhr morgens, die zweite 3-5 Uhr, etc.

xiv Ein anderer Name für den *Parijata*-Baum, bekannt als der König der himmlischen Bäume, der vor dem Palast von Indra wachsen soll.

xv Verweis auf ein Gedicht über die Geschichte von Hoshans (oder He Shan, 890-960) Trommel, das scheinbar von der Sinnlosigkeit des Fragens handelt. Aus der Perspektive einer Äbtissin beschreibt es die simple Freude von ein paar Stunden stillen Wanderns in den Hügeln, während man den hartnäckigen Schüler*innen nicht mit der Phrase „Wissen wie man die Trommel schlägt" antworten muss.

xvi Die zeitliche Einordnung ist ungenau. Wir haben keine genauen Daten für Chan-Meisterin Zukui Jifu, aber wir wissen, dass sie in der Mitte des siebzehnten Jahrhunderts lebte, daher die Übersetzung von *qiu visi* als „Der Herbst [des Jahres] [1665-66]".

xvii Nach der Buddhistischen Kosmologie, ist der Berg Meru, die *axis mundi*, umgeben von acht Bergen und acht Meeren, von denen jedes, bis auf das achte Meer (welches mit Salzwasser gefüllt ist), mit dem Duft der Acht Tugenden gefüllt ist.

xviii Das *Mani*-Juwel reflektiert wie ein Spiegel alle Farben der Welt, ohne selbst eine Farbe zu tragen. Und wie der Spiegel ist es symbolisch für eine komplette und vollständige Befreiung. Es ist zudem symbolisch für die Buddha-Natur in allen Dingen.

xix Die freiliegenden Säulen außerhalb der Dharma- oder Buddha-Halle. Zusammen mit anderen leblosen Teilen des Klosters wie Wänden, Fliesen, Lampen und Laternen, gehören sie zu den unbelebten Objekten. Im Chan-Wortschatz wird der Begriff benutzt, um im positiven Sinne die Abwesenheit emotionaler Bindung zu beschreiben.

xx Hier scheint Ziyong ihren Anhängerinnen zu versprechen, dass sie mit den Zugvögeln im Herbst zurückkehren wird.

xxi Was hier beschrieben wird ist natürlich das Mahayana-Bodhisattva-Ideal nach welchem sich jemand der Befreiung aller anderen fühlenden Wesen widmen sollte, wenn ein bestimmtes Maß an Selbsterkenntnis („zu Hause ankommen") erreicht ist.

xxii Mit dem großen Leviathan ist Makara gemeint, ein sagenumwobenes Seeungeheuer, welches in den Tiefen des Meeres hausen soll, wo es einen Edelstein bewacht, der jeden Wunsch erfüllt.

xxiii Ein Verweis auf das Netz des Indra, einer hinduistischen Gottheit.

xxiv Bkikshuni Ngawang Chodron war eine westliche Nonne des tibetischen Buddhismus, die 1987 in Hong Kong ordiniert wurde. Sie lebte im Shechen Tannyi Dargyeling-Kloster in Nepal, wo sie schließlich ein Nonnenkloster für tibetische Frauen gründete.

xxv Huaxu ist der Name eines Landes, welches laut der Sage vom Gelben Kaiser in seinen Träumen besucht wurde; seitdem wird es als Begriff für die Traumwelt verwendet.

xxvi Jingjian, ist der Name einer Frau aus dem vierten Jahrhundert, welche traditionell als die erste vollwertige chinesische, buddhistische Nonne gesehen wird.

Weitere Bücher in der Übersetzung von Gruppe B[ie] (Auswahl)

Invasion Paradies. Lesebuch über die Möglichkeiten, Finne zu sein. Ein multikulturelles Plädoyer. Budapest: Pluralica 2014.
Nils-Aslak Valkeapää: *Grüße aus Lappland.* Samica, Vol. 1. 2014.
Veli-Pekka Lehtola: *Die Sámi. Traditionen im Wandel.* Oulu: Puntsi 2014, 2019.
Maailma kotona. Kohtaamisen opas. Hrsg. Johanna Domokos, Sanna Grund, Heidi Grönstrand, Hanna-Leena Nissilä, Sabira Ståhlberg. Übers. von Gruppe Bie. Varna/Helsinki: Lecti Studio 2016.
Inger-Mari Aikio: *Die Sonne leckt Sahne.* Bielefeld: hochroth 2016.
Hans Brinkmann: *Der Tag, an dem der Kalender zurückkehrt.* Chemnitz: Eichenspinner 2016.
Sabira Ståhlberg: *Polyglorica.* Bielefeld, hochroth, Translingual, Vol. 2, 2017.
Inger-Mari Aikio: *Sahne für die Sonne / Cream for the Sun.* Berlin: Schiler 2018.
Sara Margrethe Oskal: *Voll die Rasselbande.* Bielefeld: hochroth, Performativ, Vol. 1, 2019.
Jennifer Kwon Dobbs: *Necro Citizens / Nekrobürger.* Bielefeld: hochroth, Translingual, Vol. 3.1, 3.2, 2020.
Dennis Maloney: *Some Windows / Einige Fenster.* Bielefeld: hochroth 2021.
Sabira Ståhlberg: *Die bunte Sprache.* Helsinki: Colorit 2023.
Sabira Ståhlberg: *Ein buntes Buch.* Helsinki: Colorit 2023.